AF209781

Træningstips 5:

Hop,
hurtige fødder
og
øvelser til vippebræt

Af Peter Schmidt

Træningstips 5: Hop, hurtige fødder og øvelser til vippebræt

Copyright © 2018 Peter Schmidt
All rights reserved
Forlag: BoD – Books on Demand, København, Danmark
Tryk: BoD – Books on Demand, Norderstedt, Tyskland
Bogen er skrevet med Palatino Linotype
1. udgave, 1. version

ISBN: 9 78874 3003007

Indledning

Lad det være sagt med det samme: Jeg er rundet af håndbolden... Jeg har været håndboldtræner i snart 30 år med enkelte pauser undervejs og jeg har i løbet af de sidste 10 år skrevet fem bøger om håndboldtræning, primært med fokus på træningsøvelser. I alt er det blevet til 2.513 øvelser fordelt på 2.068 sider... Bogprojektet startede tilbage i 2007 med en tanke om, en irritation over, at jeg ikke synes, at jeg på daværende tidspunkt kunne finde litteratur med praktiske øvelser til min håndboldtræning. Masser af teori, ja. Gode kurser fra håndboldforbundet, ja. Men ikke meget, jeg kunne relatere mig til hjemme i hallen, når teori skulle omsættes til praktik. En god ven og trænerkollega sagde til mig, at så måtte jeg jo selv skrive om det... Det gjorde jeg. Og resten er, som man siger, historie.

Nu skal dette ikke handle om mig som håndboldtræner eller være et reklameindspark for mine tidligere bøger. Nej, jeg nævner det kun fordi, at dette hæfte er født ud af de nævnte håndboldbøger. Bøgerne indeholder ret meget håndboldspecifik træning – i sagens natur – men også en del af mere generel karakter. Almen grundtræning er jo fælles for meget sport.

Derfor er dette hæfte et langt stykke hen ad vejen et ekstrakt af de øvelser, der har været medtaget i de fem håndboldtipsbøger. Jeg har medtaget dem, der er mest almene; nogen nænsomt skrevet om. Men helt skjule at jeg har rod i håndboldverdenen, det kan jeg nok ikke. Det håber jeg, at du som læser kan abstrahere fra.

Øvelserne i dette hæfte er som sagt – forhåbentlig – af "tværsportslig" karakter til almen anvendelse indenfor flere sportsgrene, idrætsundervisning og lignende. For nemheds skyld er "de udøvende personer" dog omtalt som spillere. Uagtet at det lige så godt kunne være elever, atleter, kursister m.m. Og den, der leder aktiviteten, er omtalt som "træner", selv om det med rette kunne være instruktør, underviser, lærer m.m. Jeg undskylder på forhånd.

Hensigten har været, at indholdet skal fungere som inspirationskilde. Hæftet, ja hele serien "Træningstips", er tænkt som opslagsværk, hvor der kan findes en lang række forskellige øvelser, spil m.m. du kan anvende, som de er beskrevet, eller du kan lave dine egne modifikationer ud fra, så de passer bedre til din målgruppe eller det, du ønsker at få ud af træningen. Det er op til dig, som træner/instruktør/underviser at foretage denne tilretning… jeg har bare forsøgt at give dig inspiration til at sætte dine egne tanker i gang. Der findes absolut ingen facitliste, intet "rigtigt" eller "forkert".

Antal gentagelser, repetitioner, tider m.m. under en given øvelse skal blot tages som vejledende. Det er i sidste ende dig – og kun dig – som træner eller instruktør, der bedst kan vurdere den målgruppe, du arbejder med. Ved en del af øvelserne har jeg slet ikke angivet tid, respektive repetitioner af samme grund. Vejledende oplysninger kan være irrelevante. Det giver for eksempel ikke mening at skrive, at man i en given øvelse *skal* hoppe 2 x 12 gange – punktum og udråbstegn – hvis der arbejdes med en gruppe, der helt tydeligt ikke kan. Der er forskel på veltrænede seniorer og børn.

Ved parøvelser, hvor flere arbejder sammen, men ikke nødvendigvis samtidig (de skiftes), har jeg ikke altid skrevet, at man skal huske at bytte. Det ligger selvsagt implicit i øvelsens karakter, håber jeg.

"Kært barn har mange navne" lyder en gammel talemåde. Sådan er det også med mange af de programmer og øvelser, jeg har medtaget i denne bog. Som udgangspunkt har jeg valgt at medtage dem under det navn, jeg kender dem. Eller slet og ret givet dem et nummer, hvis det er mere hensigtsmæssigt. Jeg erkender min skyldighed og beder om tilgivelse på forhånd. Der kan derfor være stor sandsynlighed for, at du måske kender en eller flere øvelser under andre navne. Det er ikke nødvendigvis en faktuel fejl.

Jeg håber, at du kan finde noget brugbart i hæftet. Jeg har i al beskeden-
hed gjort mit bedste.

God fornøjelse!

Tjæreby, august 2018
Peter

*"Der findes måske personer med et større talent end dit, men
der er ingen undskyldning for ikke at arbejde hårdere, end du al-
lerede gør."*

Derek Jeter (1974 -) – amerikansk professionel baseballspiller
hos New York Yankees. Én af sin generations bedste spillere.

Indhold

Anvendte signaturer

Kegle

Forhindring

Stepbænk

Springhæk

Agilitystige

Afstand mellem kegler, hæk m.m.
    xx meter

Spiller, start

Spiller, slut

Fødder, henholdsvis højre og venstre

Hop og springstyrke

Hoppeøvelse – 1

Organisering:
Der afmærkes en distance på cirka 20 meter – bruge eventuelt et par kegler til markerer strækningen. Alle spillere starter fordelt på linje bag den ene kegle. Når der gives signal starter de på øvelse 1, efter ca. 30 sekunder gives signal igen, og de spurter over til den anden kegle, hvor øvelse 1 fortsættes. Efter signal spurtes retur og øvelse 2 påbegyndes – og så videre…

Forløb:

- Spillerne står med let spredte ben og hopper frem og tilbage
- Spillerne står med let spredte ben og hopper frem, til siden og tilbage
- Spillerne hopper på venstre ben frem og tilbage
- Spillerne hopper på højre ben frem og tilbage
- Spillerne hopper på venstre ben frem, til siden og tilbage
- Spillerne hopper på højre ben frem, til siden og tilbage
- Spillerne står med udgangspunkt i slide, armene med oppe og hopper fra side til side
- Spillerne løber 3 skridt frem, hopper "paradehop", løber 3 skridt baglæns, hopper "paradehop" og så videre
- Spillerne bukker sig ned og berører gulvet, og hopper op i hopskud (uden bold) i en eksplosiv bevægelse
- Spillerne spurter 2 meter frem, bremser, spurter 2 meter baglæns, bremser, spurter 2 meter frem også videre
- Spillerne spurter 2 meter frem, tager et skridt sidelæns og lægger en parade, spurter 2 meter baglæns, tager et skridt til den anden side og lægger en parade, spurter 2 meter fremad… og så videre

-   Spillerne hopper på venstre ben og tager et hælspark for hvert 2. hop

Hoppeøvelse – 2

Organisering:
Alle spillere lægger sig på maven på en lang række, afstand cirka ½ meter.

Forløb:
Sidste spiller i rækken …

-   hopper med samlede ben, uden mellemhop, over de liggende spillere og lægger sig på maven når hun er hoppet over den sidste liggende spiller. Næste spiller starter, når den foregående er nået cirka halvvejs
-   hinker på venstre fod over de liggende spillere og lægger sig på maven, når hun er hinket over den sidste liggende spiller. Næste spiller starter, når den foregående er nået cirka halvvejs.
-   hinker på højre fod over de liggende spillere og lægger sig på maven, når hun er hinket over den sidste liggende spiller Næste spiller starter, når den foregående er nået cirka halvvejs

Og forfra…

Hoppeøvelse – 3

Organisering:
Spillerne skal finde hver et sted på halgulvet, hvor hallens afstribninger danner et kryds, som kan bruges – eller med tape markere et kryds på gulvet.

1	2
4	3

Herefter skal de forestille sig, at felterne, krydset danner, er nummereret som på illustrationen.

Forløb:

- Spillerne hopper med samlede ben fra felt 1 til 2 til 3 til 4 til 3 til 2 til 1 – i alt 5 gange
- Spillerne hinker på venstre ben fra felt 1 til 2 til 3 til 4 til 3 til 2 til 1 – i alt 5 gange
- Spillerne hinker på højre ben fra felt 1 til 2 til 3 til 4 til 3 til 2 til 1 – i alt 5 gange
- Spillerne hopper med samlede ben fra felt 1 til 4 til 2 til 3 til 1 til 4 og så videre – i 2 minutter
- Spillerne hinker på venstre ben fra felt 1 til 4 til 2 til 3 til 1 til 4 og så videre – i 1 minut
- Spillerne hinker på højre ben fra felt 1 til 4 til 2 til 3 til 1 til 4 og så videre – i 1 minut
- Spillerne starter med højre fod i felt 2, venstre i felt 4. De skal hoppe med højre fra felt 2/venstre fra felt 4 til felt 1 med højre/felt 3 med venstre. Først i langsomt tempo, dernæst gradvist hurtigere – i alt 2 minutter
- Spillerne starter med højre fod i felt 2, venstre i felt 4. De skal hoppe med højre fra felt 2/venstre fra felt 4 til felt 1 med højre/felt 3 med venstre. Der tages et mellemhop lige hvor stregerne i krydset mødes, inden der springes ud i korrekt felt (der må ikke vrides i hoften) – i alt 2 minutter
- Spillerne starter med højre fod i felt 2, venstre i felt 4. De skal hoppe med højre fra felt 2/venstre fra felt 4 til felt 1 med højre/felt 3 med venstre. Der tages et mellemhop lige hvor stregerne i krydset mødes, inden der springes ud i korrekt felt (der må ikke vrides i hoften). Spillerne skal hoppe med lange hop, helt ud i yderstilling – i alt 2 minutter
- Spillerne starter med højre fod i felt 2, venstre i felt 4. De skal hoppe med højre fra felt 2/venstre fra felt 4 til felt 1

med højre/felt 3 med venstre. Der tages et mellemhop lige hvor stregerne i krydset mødes, inden der springes ud i korrekt felt (der må ikke vrides i hoften). Spillerne skal hoppe så hurtigt som muligt, det vil sige først langsomt og herefter med hurtig tempoøgning, med små hop – i alt 2 minutter

Hoppeøvelse mellem kegler – 1

Organisering:
Der skal bruges 11 kegler.

Der skal bruges 11 kegler: En række med 6 kegler ned midt igennem hallen og en række med 5 kegler. Rækkerne stilles forskudt for hinanden. Afstanden mellem keglerne må ikke være længere, end spillerne kan hoppe ved skøjtehop sidelæns.

Forløb:
Spillerne starter for enden af rækken.

Spillerne hopper fra kegle til kegle ned gennem rækken i bredstående – skøjtehop – med fuldt stræk på længden. Det er vigtigt, at de lander på et ben og straks springer videre til næste kegle – uden mellemhop og uden at komme ned at støtte med det andet ben.

Øvelsen skal fokusere på afsæt/landing – vær opmærksom på korrekt fodstilling (knæ og fødder peger samme vej) ved landing – og på at spilleren skal finde balancen efter landing på et ben, inden der springes videre. Hun må gerne bruge arme og det ben, hun ikke sætter af på, til at forsøge at "hive sig op" i springet.

Hoppeøvelse mellem kegler – 2

Organisering:
Der skal bruges minimum 6 kegler.

Seks kegler opstilles på række med cirka 40 cm imellem hver kegle. Hvis der er mange spillere (og kegler nok), kan man med fordel lave flere rækker (så ventetiden minimeres). Spillerne starter i den ene ende af keglerækken.

Forløb:
Spillerne skal keglerækken igennem

- 3 gange hinkede på venstre ben (slalom mellem keglerne)
- 3 gange hinkende på højre ben (slalom mellem keglerne)
- 3 gange hoppende med samlede ben (slalom mellem keglerne)

Når der hinkes/hoppes uden om den sidste kegle i rækken, spurtes tilbage bag i rækken.

Hop i firkant

Organisering:
Hver spiller skal bruge 2 stykker tape på cirka 30 cm.
Spillerne sætter tapen på gulvet i et kryds – se illustrationerne – og placerer sig ved hvert sit kryds.

Forløb:
Der hoppes med samlede ben rundt i en firkant som vist på illustrationen. Fødderne er let spredte og holdes parallelle. Gennemføres 1 minut + 30 sekunder.

Dernæst på samme måde den anden vej rundt.

Der hoppes på venstre ben rundt i en firkant som vist på illustrationen. Gennemføres 1 minut.

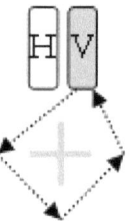

Der hoppes på højre ben rundt i en firkant som vist på illustrationen. Gennemføres 1 minut.

Dernæst på samme måde den anden vej rundt på først venstre, så højre ben.

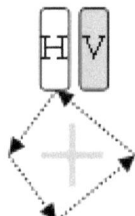

Der hoppes frem, skråt tilbage til mod højre – side-læns – skråt tilbage til udgangspositionen – som vist på illustrationen. Fødderne holdes parallelle. Gennemføres 1 minut – derefter den anden vej rundt 1 minut.

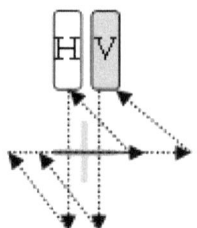

Hop med sjippetov

Organisering:
Spillerne skal bruge hvert et sjippetov.

Forløb:
Der sjippes som følger i 1 minut pr. omgang:

- Almindeligt
- Mens der hoppes frem og tilbage
- Mens der hoppes sidelæns 2 skridt frem og tilbage

Hoppeserie

Organisering:
Der skal bruges 5 forhindringer af passende højde i forhold til spiller-
nes niveau (springstænger eller lignende).

En springbane opstilles som på illustrationen.

Der skal være præcis så meget afstand mellem de enkelte forhindrin-
ger, at der kan landes og sættes af uden mellemhop og uden at afstan-
den umuliggør at forhindringen passeres forsvarligt.

Forløb:
Spillerne hopper over de opstillede forhindringer som følger:

1. omgang:
Der startes ved 1 med samlet afsæt – ved 2, 3, 4 og 5 landes og hoppes
på venstre ben – ved 6 landes med samlet afsæt

2. omgang:
Der startes ved 1 med samlet afsæt – ved 2, 3, 4 og 5 landes og hoppes
på højre ben – ved 6 landes med samlet afsæt

3. omgang:
Der startes ved 1 med afsæt på venstre ben – ved 2 landes på højre og
sættes af på højre – ved 3 landes på venstre og sættes af på venstre –
ved 4 landes på højre og sættes af på højre – ved 5 landes på venstre og
sættes af på venstre – ved 6 landes på højre

4. omgang:
Der hoppes med samlet afsæt (og landing) fra 1 til 6

5. omgang:

Der startes ved 1 med samlet afsæt – i hoppet drejes 45 grader, så der ved 2 landes med fødderne sidelæns i forhold til forhindringen – der drejes igen 45 grader i hoppet (afsæt med fødderne sidelæns), så der ved 3 igen landes med fødderne pegende ligeud – ved næste hop drejes igen 45 grader, så der ved 4 landes med fødderne sidelæns i forhold til forhindringen - der drejes igen 45 grader i hoppet (afsæt med fødderne sidelæns), så der ved 5 igen landes med fødderne pegende ligeud - ved næste hop drejes igen 45 grader, så der ved 6 landes med fødderne side-læns i forhold til forhindringen

Hver spiller skal gennemføre ovennævnte serie et antal gange af-hængigt af niveau. Mellem hver omgang skal spilleren have 1 minuts pause. Mellem hver serie 2 minutter.

Hop på stepbænk – 1

Organisering
Der skal bruges 6 stepbænke.

  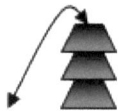

Forløb:

- Spilleren står med front mod en stepbænk. Hun hopper op på den med samlede ben, lander og finder balancen – hopper baglæns ned – op igen… og så videre. Gennem-føres 8 gange.
- Samme øvelse, men der hoppes op på 2 stepbænke, pla-ceret oven på hinanden. Gennemføres 6 gange.
- Samme øvelse, men der hoppes op på 3 stepbænke, pla-ceret ovenpå hinanden. Gennemføres 4 gange.

Hop på stepbænk – 2

Organisering
Der skal bruges 6 stepbænke.

Stepbænkene placeres som på illustrationen. Der skal være så tilpas mellemrum i mellem dem, at spilleren kan lande på samlede fødder mellem dem og hoppe op på de næste.

Forløb:
Spilleren står med front med den ene stepbænk. Hun hopper op på den med samlede ben, lander og finder balancen – hopper ned på den anden side, finder balancen – hopper op på de to stepbænke – hopper ned på den anden side, finder balancen – hopper op på de tre stepbænke, finder balancen og hopper ned på den anden side.

Herefter forfra – gennemføres 5 gange.

Variation:
Når ovenstående er gennemført – og spilleren er hoppet ned af den højeste (de tre stepbænke), gennemføres øvelsen den anden vej. Altså start med den høje og så videre. Gennemføres 2 gange hver vej.

Hop på stepbænk – 3

Organisering
Der skal bruges 3 stepbænke.

Stepbænkene placeres som på illustrationen. Der skal være så tilpas mellemrum i mellem dem, at spilleren kan stå med siden til i mellem dem og hoppe op på de næste.

Forløb:
Spilleren starter mellem stepbænkene – hopper med samlede fødder sidelæns op på den høje og ned igen, derefter sidelæns op på lave og ned igen – og så videre.

Gennemføres 5 gange, hvorefter hun vender sig og gennemfører yderligere 5 gange – det vil sige 5 gange hvor spilleren hopper med venstre side mod den lave først og 5 gange hvor hun hopper med højre side mod den lave først.

Springhæk – 1

Organisering:
7 lave springhække (15-30 cm) stilles som på illustrationen. Der skal være en passende afstand imellem dem, så spillerne kan gå et par skridt mellem hver. Afpas efter alder og niveau.

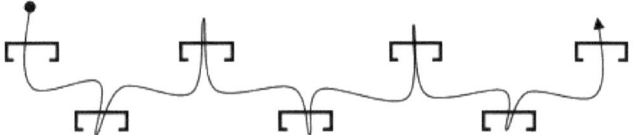

Spillerne starter i den ene ende. Er der mange spillere, kan der sættes flere rækker op.

Forløb:
Spillerne
- hopper forlæns over den første hæk med samlede ben. Hopper sidelæns, forlæns over den anden hæk, baglæns tilbage, hopper sidelæns, forlæns over den tredje hæk, baglæns tilbage … og så videre, til der hoppes over den sidste hæk (baglæns)
- herefter gennemføres på samme måde
  - hinkende på venstre ben
  - hinkende på højre ben

Der kan eventuelt arbejdes med forskellige armstillinger undervejs.

Springhæk – 2

Organisering:
Der skal bruges 10 springhække (15-30 cm).

Springhækkene fordeles med passende afstand på gulvet – spillerne starter på række i den ene ende.

Forløb:
Spillerne skal:

- løbe ned over springhækkene med én fod mellem hver
- løbe ned over springhækkene med højre fod i hver andet felt, begge fødder i hver andet felt
- løbe ned over springhækkene med venstre fod i hver andet felt, begge fødder i hver andet felt

Se illustrationer på næste side.

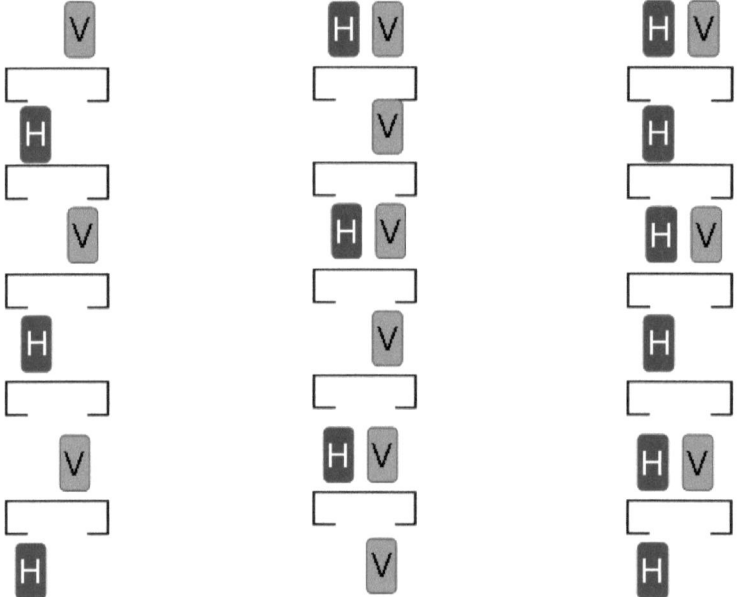

Når spillerne er kommet igennem rækken, venter de til alle er kommet igennem og løber/hopper retur på samme måde (1, 2 eller 3) som de netop har gennemført.

Næste spiller må starte, når første spiller er 2/3-del igennem rækken af springhække.

Springhæk – 3

Organisation:
Der skal bruges 10 springhække (15-30 cm).

Springhækkene fordeles med passende afstand på den ene banehalvdel – spillerne starter på række i den ene ende.

Forløb:
Spillerne skal gennemføre banen som beskrevet

Første spiller starter med samlede fødder for enden af rækken af springhække.

- Hun hopper over, lander på samlede fødder
- Med højre som standben føres venstre ben ud i bredstående og tilbage (1)(2)
- Hun hopper over med samlede ben, lander på venstre…
- Hopper videre, lander på samlede ben, og igen med højre som standben føres venstre ben ud i bredstående og tilbage… (1)(2)
- Og så videre

Når spillerne er kommet igennem rækken, venter de til alle er kommet igennem og hopper retur modsat – forskellen er, at de mellemlander på højre og med venstre som standben fører højre ben ud i bredstående.

Næste spiller må starter, når første spiller er 2/3-del igennem rækken af springhække.

Se illustrationer på næste side.

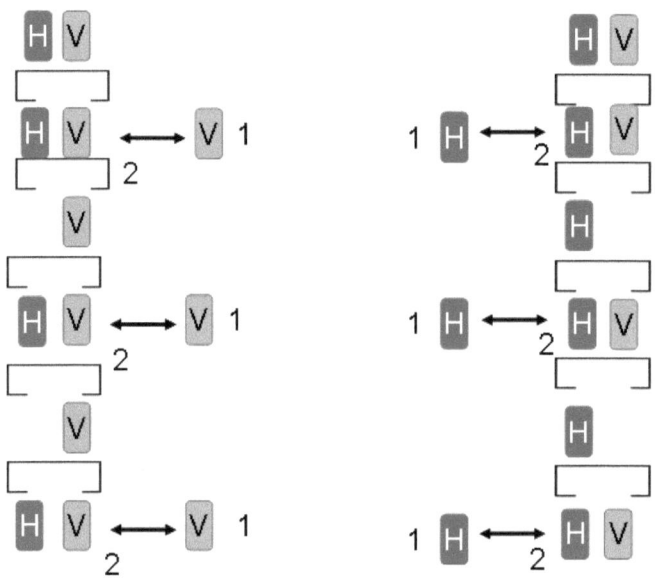

Hurtige fødder

Hurtige fødder – 1

Organisering:
Spillerne arbejder sammen i par. Hver spiller skal bruge to kegler. Spillerne stiller sine kegler, så de danner "bunden" i en ligesidet trekant, hvor "spidsen" på hver spillers trekant "rammer" den anden spillers "spids". Der skal være cirka 2 meter mellem keglerne. Se illustrationen.

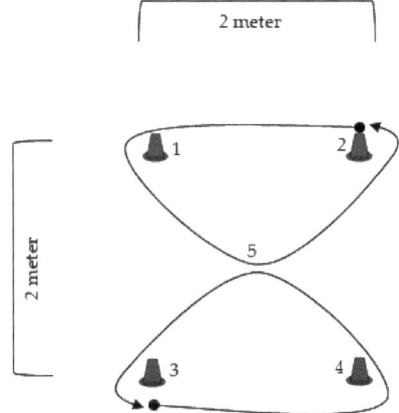

Forløb:
Spillerne arbejder i trekantsbevægelser. Spiller 1 starter ved kegle 2, spiller 2 ved kegle 3. Undervejs byttes, så de starter ved henholdsvis kegle 1 og kegle 4.

- Mellem keglerne (trekantens "bund") arbejdes med sidebevægelse i lavt leje (2-3 hurtige skridt)
- Frem mod trekantens "spids" arbejdes med løb fremad (2-3 hurtige skridt)
- Tilbage fra "spids" til "bund" løbes baglæns (2-3 hurtige skridt)

Spillerne skal mødes i respektive trekanters "spids" (ved 5), hvor de skal hoppe så højt som muligt med strakte arme og klappe i hinandens hænder højest muligt oppe.

Hurtige fødder – 2

Organisering:
Der skal bruges 5 kegler. Hvis øvelsen skal afvikles med mere end 4-5 spillere, bør det overvejes at lave flere keglebaner (og dermed skal der bruges flere kegler).

Fem kegler opstilles som på illustrationen.

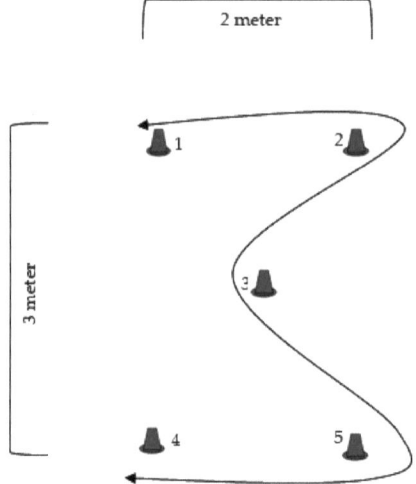

Forløb:
Spillerne starter ved kegle 1.

Der slides til kegle 2, løbes fremad til kegle 4, via kegle 3 og slides igen fra kegle 5 til kegle 4.

Når spilleren når til kegle 4 vender hun, slider til kegle 5, løber baglæns til kegle 2, via kegle 3, og slider tilbage til kegle 1.

Under hele øvelsen skal spilleren have front fremad. Det er vigtigt, at øvelsen gennemføres med høj intensitet.

Hurtige fødder – 3

Organisering:
Der skal bruges 5 kegler. Hvis øvelsen skal afvikles med mere end 4-5 spillere, bør det overvejes at lave flere keglebaner (og dermed skal der bruges flere kegler).

Fem kegler opstilles som på illustrationen.

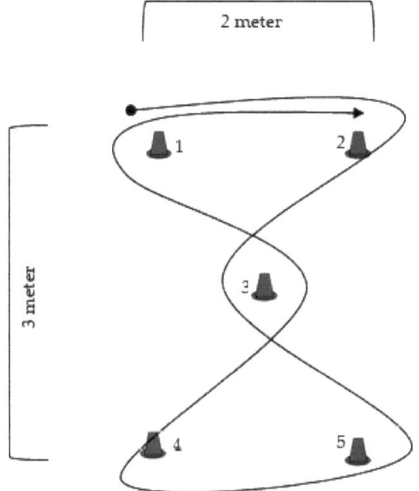

Forløb:
Spillerne starter ved kegle 1. Der løbes fremad til kegle 2, sidelæns skråt baglæns til kegle 3, fremad til kegle 5, sidelæns skråt baglæns til kegle 4, fremad igen til kegle 3, sidelæns skråt baglæns til kegle 1 og fremad til kegle 2. Næste omgang startes fra kegle 2 efter samme skabelon.

Under hele øvelsen skal spilleren have front fremad. Det er vigtigt, at øvelsen gennemføres med høj intensitet.

Hurtige fødder – 4

Organisering:
Der skal bruges 5 kegler. Hvis øvelsen skal afvikles med mere end 4-5 spillere, bør det overvejes at lave flere keglebaner (og dermed skal der bruges flere kegler).

Fem kegler opstilles som på illustrationen.

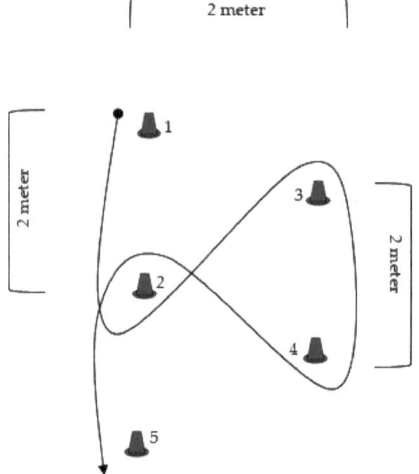

Forløb:
Spillerne starter ved kegle 1. Der slides til kegle 2, løbes fremad til kegle 4 via kegle 3, og slides igen fra kegle 4 til kegle 5 via kegle 2.

Næste omgang startes fra kegle 2 efter samme skabelon.

Under hele øvelsen skal spilleren have front fremad. Det er vigtigt, at øvelsen gennemføres med høj intensitet.

Hurtige fødder – 5

Organisering:
Der skal bruges 5 kegler. Hvis øvelsen skal afvikles med mere end 4-5 spillere, bør det overvejes at lave flere keglebaner (og dermed skal der bruges flere kegler).

Fem kegler opstilles som på illustrationen.

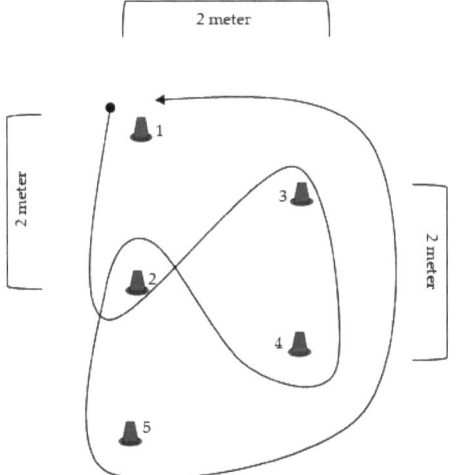

Forløb:
Spillerne starter ved kegle 1. Der løbes fremad til kegle 2, sidelæns skråt baglæns til kegle 3, fremad til kegle 4, sidelæns skråt baglæns til kegle 2 og fremad igen til kegle 5. Fra kegle 5 slides i en bue rundt om kegle 3 og kegle 4 tilbage til kegle 1.

Under hele øvelsen skal spilleren have front fremad - det vil sige på tilbagevejen, mellem kegle 4 og kegle 3, kigger hun væk fra keglerne.

Det er vigtigt, at øvelsen gennemføres med høj intensitet.

Hurtige fødder – 6

Organisering:
Der skal bruges 5 kegler. Hvis øvelsen skal afvikles med mere end 4-5
spillere, bør det overvejes at lave flere keglebaner (og dermed skal der
bruges flere kegler).

Fem kegler opstilles som på illustrationen.

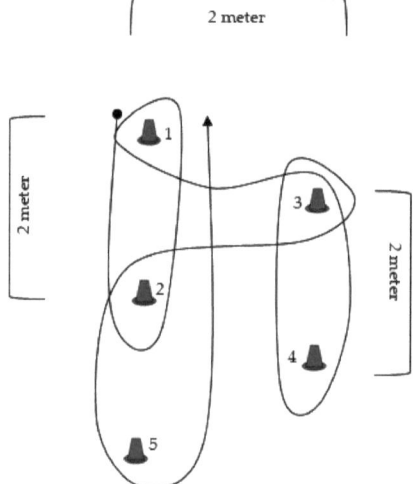

Forløb:
Spillerne starter ved kegle 1. Der løbes fremad til kegle 2, tilbage til
kegle 1, der rundes, hvorefter der slides til kegle 3. Fra kegle 3 spurtes
til kegle 4, der rundes og der løbes baglæns tilbage til kegle 3. Der løbes
rundt om kegle 3, slides fremad til kegle 2 og derfra spurtes rundt om
kegle 5 og baglæns tilbage til kegle 1.

Under hele øvelsen skal spilleren have front fremad. Det er vigtigt, at
øvelsen gennemføres med høj intensitet.

Hurtige fødder – 7

Organisering:
Der skal bruges 5 kegler. Hvis øvelsen skal afvikles med mere end 4-5 spillere, bør det overvejes at lave flere keglebaner (og dermed skal der bruges flere kegler).

Fem kegler opstilles som på illustrationen.

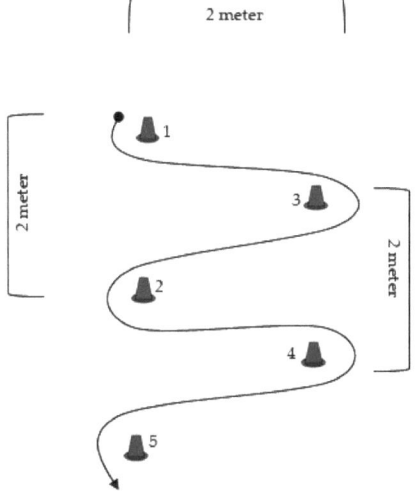

Forløb:
Spillerne starter ved kegle 1 og slider banen igennem i slalom til kegle 5 (slide fra kegle 1 til kegle 3, derfra til kegle 2, videre til kegle 4 og slutteligt til kegle 5) Herefter gennemfører øvelsen "baglæns" tilbage i modsat rækkefølge. "Baglæns" fordi der slides sidelæns, men spilleren skal have front fremad som da hun løb den anden vej (hun skal med andre ord under hele øvelsen have front fremad).

Det er vigtigt, at øvelsen gennemføres med høj intensitet.

Hurtige fødder – 8

Organisering:
Der skal bruges 6 kegler. Hvis øvelsen skal afvikles med mere end 4-5 spillere, bør det overvejes at lave flere keglebaner (og dermed skal der bruges flere kegler).

Seks kegler opstilles som på illustrationen.

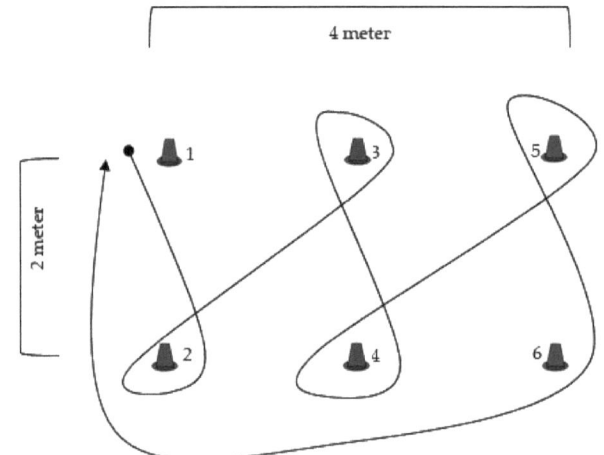

Forløb:
Spillerne starter ved kegle 1. Første spiller løber rundt om kegle 1 og skråt baglæns til kegle 3, derefter rundt om kegle 3, frem til kegle 4, rundt om kegle 4, skråt baglæns til kegle 5 og herefter med mange små hurtige skridt løbes fra kegle 5 til kegle 1 – over kegle 6.

Når spillerne skal rundt om kegle 2, kegle 3, kegle 4 og kegle 5 skal det ske med mange små, hurtige skridt.

Det er vigtigt, at øvelsen gennemføres med høj intensitet.

Hver spiller skal gennemføre øvelsen 8-10 gange.

Hurtige fødder – 9

Organisering:
Spillerne skal arbejde sammen parvis. Der skal bruges 4 kegler.

Fire kegler stille i et kvadrat på 1½ x 1½ meter. Den ene spiller starter midt i kvadratet. Hvis der er mange spillere, kan man opstille flere kvadrater.

Forløb:
Spilleren skal på tid nå at berører så mange kegletoppe som muligt i en på forhånd fastsat rækkefølge. Efter hver berøring skal hun returnere til kvadratets midte og "stå stille" inden hun fortsætter til den næste.

Forslag til runder:

- I rækkefølge – kegle 1, kegle 2, kegle 3, kegle 4 og forfra. Der arbejdes 1 minut, hvorefter der pauses 30 sekunder og arbejdes 30 sekunder igen. Kan gentages efter behov
- Som 2, men modsat vej rundt – kegle 4, kegle 3, kegle 2, kegle 1 og forfra
- Diagonalt – kegle 1, kegle 3, kegle 2, kegle 4 og forfra. Der arbejdes 1 minut, hvorefter der pauses 30 sekunder og arbejdes 30 sekunder igen. Kan gentages efter behov
- Tilfældig – den pausende spiller nævner et tal mellem 1 og 4 i tilfældig rækkefølge. Tallet nævnes først, når hun står stille på midten. Der arbejdes 1 minut, hvorefter der pauses 30 sekunder og arbejdes 30 sekunder igen. Kan gentages efter behov

Fælles for alle 4 runder er, at der tælles hvor mange toppe, der berøres. Spilleren med færrest berøringer udfører en passende "straf" (et antal armstræk, en hurtig spurt eller lignende).

Hurtige fødder – 10

Organisering:
6 stykker tape (cirka 20 centimeter lange) placeres gulvet som vist på illustrationen. Der skal være cirka 30 centimeter mellem hvert af de fire stykker tape "i midten".

Spilleren starter med siden til, for enden af rækken (se illustration).

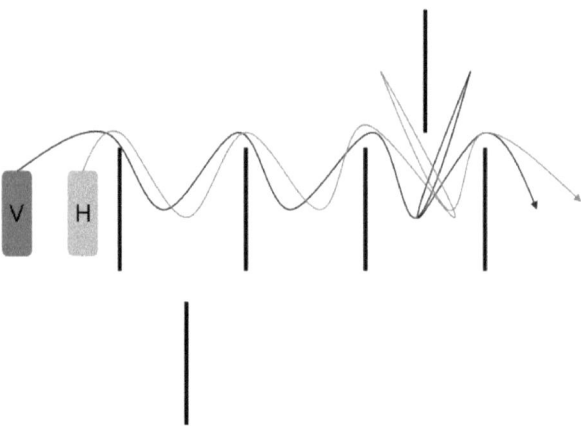

Forløb:
Der sidesteppes over de tre første tapestreger, herefter føres venstre fod skråt frem på kant af det fremskudte stykke tape og tilbage igen – herefter højre fod – og der sidesteppes over det sidste stykke. Spilleren vender og gentager øvelsen retur.

Variation:
-   I stedet for sidestep kan der hoppes med samlede ben mellem de fire stykker tape på række.

For overskuelighedens skyld er hop illustreret som om det sker "ovenover" tapestykkerne – det skal selvfølgelig være "henover" dem.

Hurtige fødder – 11

Organisering:
6 stykker tape (cirka 20 centimeter lange) placeres på halgulvet som vist
på illustrationen. Der skal være cirka 30 centimeter mellem hvert af de
fire stykker tape "i midten".

Spilleren starter med siden til, for enden af rækken (se illustration).

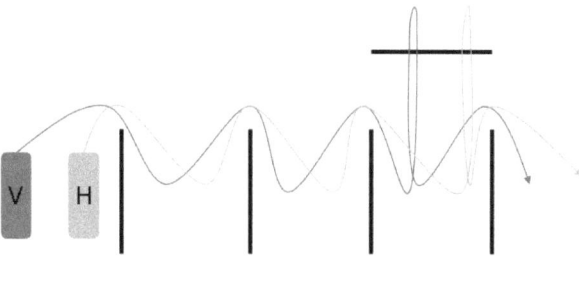

Forløb:
Der sidesteppes over de tre første tapestreger, herefter hoppes med
samlede ben frem over det fremskudte stykke tape og tilbage igen –
hvorefter der sidesteppes over det sidste stykke. Spilleren vender og
gentager øvelsen retur.

Variation:
- I stedet for sidestep kan der hoppes med samlede ben mellem
  de fire stykker tape på række.

*For overskuelighedens skyld er hop illustreret som om det sker "ovenover"
tapestykkerne – det skal selvfølgelig være "henover" dem.*

Hurtige fødder – 12

Organisering:
10 stykker tape (cirka 20 centimeter lange) placeres på halgulvet som vist på illustrationen. Der skal være cirka 25 centimeter mellem hvert stykke tape. Hvis variationen gennemføres, skal der ligeledes bruges et kosteskaft eller en springstang.

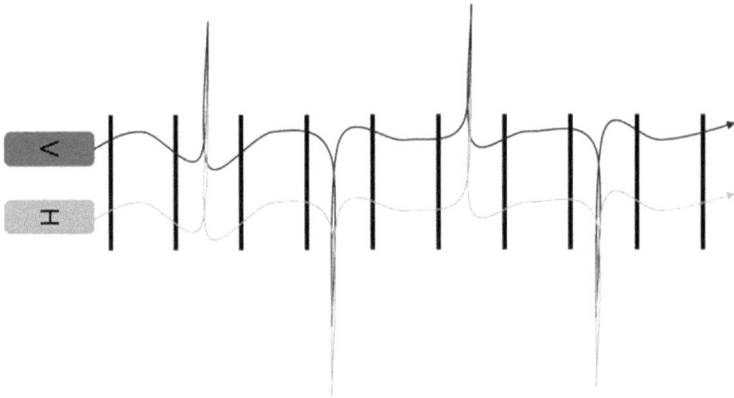

Spilleren starter med front mod rækken i den ene ende (se illustration).

Forløb:
Der hoppes over tapestregerne med samlede ben – for hvert andet hop, hoppes skiftevis til venstre og til højre, efter man er landet (se illustrationen).

Variation:
- Den hoppende spiller holder et kosteskaft eller en springstang i strakte arme over hovedet mens der arbejdes.

Hurtige fødder – 13

Organisering:
10 stykker tape (cirka 20 centimeter lange) placeres på halgulvet som vist på illustrationen. Der skal være cirka 25 centimeter mellem hvert stykke tape. Hvis variationen gennemføres, skal der ligeledes bruges et kosteskaft eller en springstang.

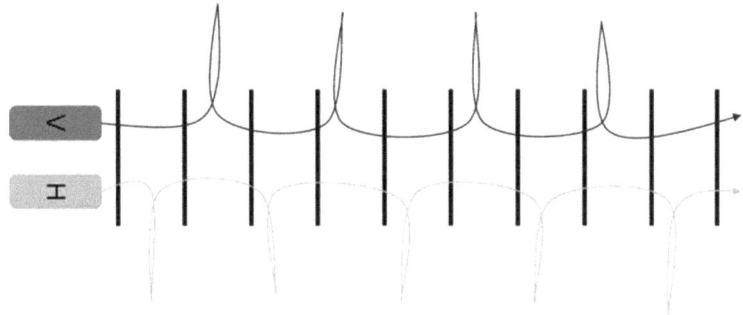

Spilleren starter med front mod rækken i den ene ende (se illustration).

Forløb:
Der hoppes over tapestregerne med samlede ben – for hvert hop, tages et skridt henholdsvis til venstre og til højre (skiftevis – kun med det ene ben, det andet bliver i gulvet – se illustrationen).

Variation:
- Den hoppende spiller holder et kosteskaft eller en springstang i strakte arme over hovedet mens der arbejdes.

Hurtige fødder – 14

Organisering:
2 stykker tape (cirka 20 centimeter lange) placeres på halgulvet som vist på illustrationen. Der skal være cirka 25 centimeter mellem hvert stykke tape. Hvis variationen gennemføres, skal der ligeledes bruges et kosteskaft eller en springstang.

Spilleren starter med front mod de to stykker tape (se illustration).

Forløb:
Der steppes så hurtigt som muligt frem og tilbage over de to stykker tape.

Variation:
- Den steppende spiller holder et kosteskaft eller en springstang i strakte arme over hovedet mens der arbejdes.
- Benyt kun en tapestreg eller brug en streg på halgulvet

Hurtige fødder – 15

Organisering:
2 stykker tape (cirka 20 centimeter lange) placeres på halgulvet som vist på illustrationen. Der skal være cirka 25 centimeter mellem hvert stykke tape. Hvis variationen gennemføres, skal der ligeledes bruges et kosteskaft eller en springstang.

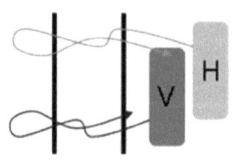

Spilleren starter med siden til de to stykker tape (se illustration).

Forløb:
Der steppes så hurtigt som muligt sidelæns frem og tilbage over de to stykker tape.

Variation:
- Den steppende spiller holder et kosteskaft eller en springstang i strakte arme over hovedet mens der arbejdes.
- Benyt kun en tapestreg eller brug en streg på halgulvet

Hurtige fødder – 16

Organisering:
4 stykker tape (cirka 20 centimeter lange) placeres på halgulvet som vist på illustrationen. Der skal være cirka 25 centimeter mellem hvert stykke tape. Hvis variationen gennemføres, skal der ligeledes bruges et kosteskaft eller en springstang.

Spilleren starter med siden til de fire stykker tape (se illustration).

Forløb:
Der steppes så hurtigt som muligt sidelæns frem og tilbage over de fire stykker tape.

Variation:
- Den steppende spiller holder et kosteskaft eller en springstang i strakte arme over hovedet mens der arbejdes.

Hurtige fødder – 17

Organisering:
4 stykker tape (cirka 20 centimeter lange) placeres på halgulvet som vist på illustrationen. Der skal være cirka 25 centimeter mellem hvert stykke tape.

Hvis variationen gennemføres, skal der ligeledes bruges et kosteskaft eller en springstang.

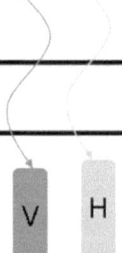

Spilleren starter med front mod de fire stykker tape (se illustration).

Forløb:
Der steppes så hurtigt som muligt sidelæns frem og tilbage over de fire stykker tape.

Variation:
- Den steppende spiller holder et kosteskaft eller en springstang i strakte arme over hovedet mens der arbejdes.

Hurtige fødder – 18

Organisering:
Der skal bruges tre kegler.

3 kegler stilles på række, afstand mellem keglerne 1½ meter.

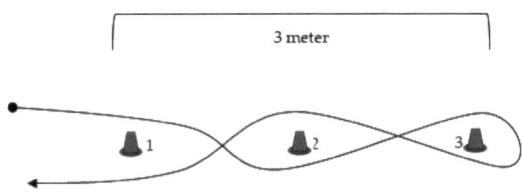

Spillerne starter cirka 1½ meter fra kegle 1.

Forløb:
Spilleren løber slalom med sideløb mellem keglerne 3-4 gange, dernæst 3-4 gange slalom fremad normalt og baglæns retur efter at have rundet den sidste kegle.

Husk pause mellem hver omgang. Eventuelt mens der ventes på næste spiller(ere).

Hurtige fødder – 19

Organisering:
Hver spiller skal bruge to kegler.

2 kegler stilles med 2 meters mellemrum.

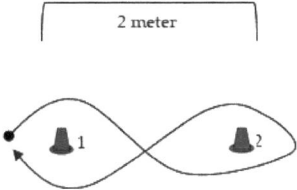

Spilleren starter ved kegle 1.

Organisering:
Spilleren løber i 8-tal rundt om keglerne så hurtigt som overhovedet muligt og med så mange små skridt som muligt.

Forløb:
Der løbes 2 omgange pr. gang. Hver spiller skal løbe 4-6 x 2 omgange. Husk pause mellem hver omgang. Eventuelt mens de venter på næste spiller(ere).

Hurtige fødder – 20

Organisering:
Et antal spillere og 2 kegler.

2 kegler stilles som på illustrationen med 2 meters mellemrum.

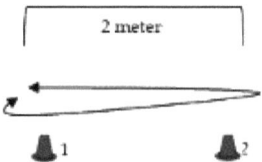

Spillerne starter ved kegle 1.

Forløb:
Spilleren sidestepper så hurtigt som muligt mellem keglerne, med så mange små skridt som muligt.

Armene holdes:
- Almindeligt
- På ryggen
- Oppe

Der løbes 2 gange frem og tilbage pr. gang med de forskellige armstillinger. Hver spiller skal løbe 4-6 x 2 turer x 3 frem og tilbage. Husk pause mellem hver omgang. Eventuelt mens der ventes på næste spiller(ere).

Stigeøvelse – 1

Organisering:
Der skal bruges en agilitystige på cirka 8 meter.

Agilitystigen lægges på gulvet.

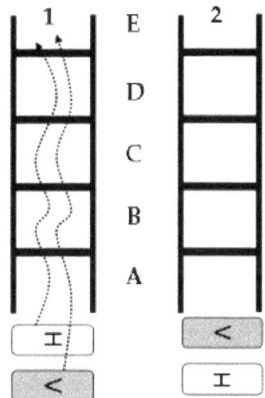

Spillerne starter på række i den ene ende. Hvis man har to stiger, kan man lægge begge på gulvet og lade spillerne arbejde både frem og tilbage.

Forløb:
-   Spillerne sidestepper ned gennem felterne – begge fødder i hvert felt, før der steppes videre. På bane 1 startes med højre fod først; på bane 2 venstre

Stigeøvelse – 2

Organisering:
Der skal bruges to agilitystiger på cirka 8 meter.

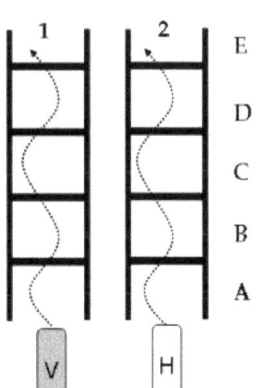

Agilitystigerne lægges parallelt på gulvet, spillerne starter på række i den ene ende.

Forløb:
-   Spillerne hopper ned gennem felterne med venstre fod i bane 1, højre i bane 2 – hvert felt må kun berøres med forfoden, inden der hoppes videre
Øvelsen kan ligeledes gennemføres baglæns.

Stigeøvelse – 3

Organisering:
Der skal bruges en agilitystige på cirka 8 meter.

Agilitystigen lægges på gulvet; spillerne starter på række i den ene ende. Hvis man har to stiger, kan man lægge begge på gulvet og lade spillerne arbejde både frem og tilbage.

Forløb:
-   Spillerne stepper ind i felt A med begge fødder, først venstre, så højre – og ud igen ud for felt B – stepper ind i igen i felt C og så videre (frem/tilbage)
-   Samme øvelse på bane 2, med der startes med højre fod først

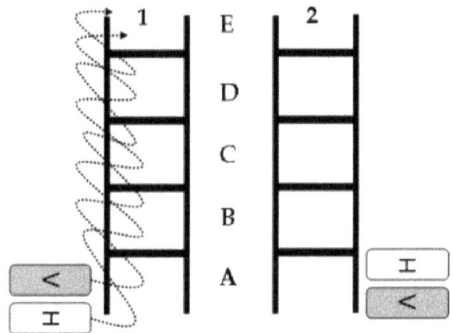

Stigeøvelse – 4

Organisering:
Der skal bruges to agilitystiger på cirka 8 meter.

Agilitystigerne lægges parallelt på gulvet; spillerne starter på række ud for den ene stige.

Forløb:
- Spillerne hopper med samlede ben fra startpositionen ud for bane 1 over i felt A i bane 2 – dernæst til felt B i bane 1 – felt C i bane 2 – og så videre

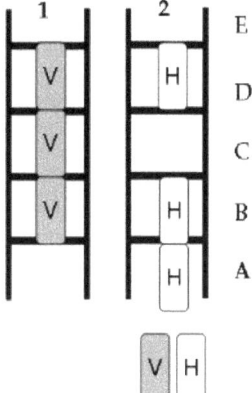

Øvelsen kan ligeledes gennemføres baglæns.

Stigeøvelse – 5

Organisering:
Der skal bruges to agilitystiger på cirka 8 meter.

Agilitystigerne lægges parallelt på gulvet; spillerne starter ud for den ene – i eksemplet bane 2.

Forløb:
- Spillerne hinker 2 felter frem på højre ben, hopper dernæst over i bane 1, lander på venstre ben og hinker 3 felter frem – hopper tilbage i bane 2, lander på højre ben og hinker 3 felter frem… og så videre…

Øvelsen kan ligeledes gennemføres baglæns.

Stigeøvelse – 6

Organisering:
Der skal bruges to agilitystiger på cirka 8 meter.

Agilitystigerne lægges parallelt på gulvet; spillerne starter på række ud for bane 1.

Forløb:
- Spillerne hopper med samlede ben sidelæns ind i felt A, dernæst fremad over i bane 2, felt A, baglæns tilbage i bane 1, felt B, fremad over i bane 2, felt B… og så videre…

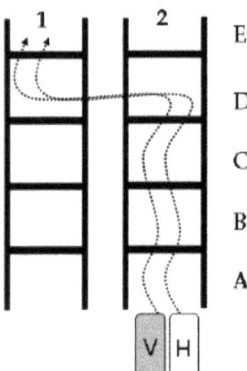

Stigeøvelse – 7

Organisering:
Der skal bruges to agilitystiger på cirka 8 meter.

Agilitystigerne lægges parallelt på gulvet, spillerne starter på række ud for den ene stige; i eksemplet ud for bane 2

Forløb:
- Spillerne hopper med samlede ben i fra felt A til D, dernæst sidelæns over i bane 1, felt D – dernæst fire felter frem og sidelæns igen – og så videre…

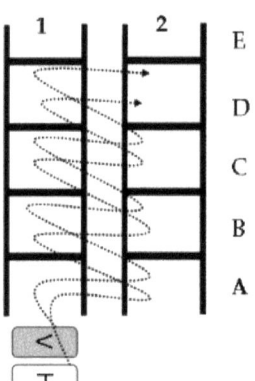

Øvelsen kan ligeledes gennemføres baglæns

Stigeøvelse – 8

Organisering:
Der skal bruges en agilitystige på cirka 8 meter.

Agilitystigen lægges på gulvet; spillerne star-
ter på række i den ene ende. Hvis man har to
stiger, kan man lægge begge på gulvet og lade
spillerne arbejde både frem og tilbage.

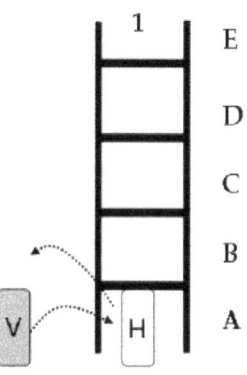

Forløb:
Spillerne starter stående på det ene ben ved si-
den af stigen. I eksemplet på venstre ben. Der
hoppes ind i felt A, landes på højre ben – der-
næst skråt fremad, så der landes på venstre
ben ud for felt B – ind i felt B igen, hvor der
landes på højre – og så videre...

Stigeøvelse – 9

Organisering:
Der skal bruges en agilitystige på cirka 8 meter.

Agilitystigen lægges på gulvet; spillerne starter på række
i den ene ende. Hvis man har to stiger, kan man lægge
begge på gulvet og lade spillerne arbejde både frem og til-
bage.

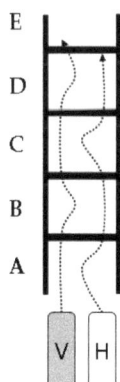

Forløb:
Spillerne løber ned over stigen med kun én fod i hver felt
– i eksemplet startes med højre fod i felt A, venstre i felt B,
højre i felt C og så videre....

Stigeøvelse – 10

Organisering:
Der skal bruges en agilitystige på cirka 8 meter.

Agilitystigen lægges på gulvet; spillerne starter på række i den ene ende. Hvis man har to stiger, kan man lægge begge på gulvet og lade spillerne arbejde både frem og tilbage.

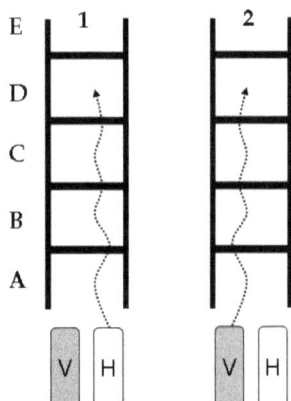

Forløb:
- Spillerne hinker på højre fod ned gennem felterne (bane 1).
- Spillerne hinker på venstre fod ned gennem felterne (bane 2).

Øvelserne kan ligeledes gennemføres baglæns.

Stigeøvelse – 11

Organisering:
Der skal bruges en agilitystige på cirka 8 meter.

Agilitystigen lægges på gulvet; spillerne starter på række i den ene ende. Hvis man har to stiger, kan man lægge begge på gulvet og lade spillerne arbejde både frem og tilbage.

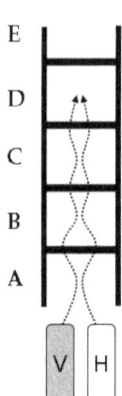

Forløb:
Spillerne hopper med samlede ben fra felt til felt ned gennem stigen.

Stigeøvelse – 12

Organisering:
Der skal bruges en agilitystige på cirka 8 meter.

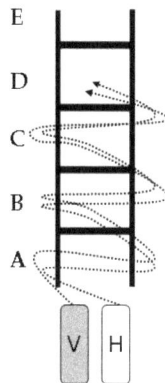

Agilitystigen lægges på gulvet; spillerne starter på række i den ene ende. Hvis man har to stiger, kan man lægge begge på gulvet og lade spillerne arbejde både frem og tilbage.

Forløb:
Spillerne starter med samlede ben og hopper ud (ved felt A), så der placeres en fod på hver sin side af stigen, dernæst hoppes ind i stigen igen (i felt B), ud igen (ved felt B), ind igen (i felt C) og så videre.

Øvelsen kan ligeledes gennemføres baglæns.

Stigeøvelse – 13

Organisering:
Der skal bruges en agilitystige på cirka 8 meter.

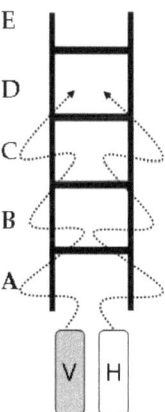

Agilitystigen lægges på gulvet; spillerne starter på række i den ene ende. Hvis man har to stiger, kan man lægge begge på gulvet og lade spillerne arbejde både frem og tilbage.

Forløb:
Spillerne starter med samlede ben og hopper ud til venstre (for felt A), så begge fødder er placeret ved siden af stigen, dernæst hoppes ind i stigen igen (i felt A) og ud igen til højre for felt A. Derefter hoppes skråt ind i felt B, videre ud, så begge fødder er placeret til

venstre for felt B, ind i felt B igen og ud, så begge fødder er placeret til højre for felt B – herefter hoppes skråt ind i felt C – og så videre.

Stigeøvelse – 14

Organisering:
Der skal bruges og en agilitystige på cirka 8 meter.

Agilitystigen lægges på gulvet; spillerne starter på række i den ene ende. Hvis man har to stiger, kan man lægge begge på gulvet og lade spillerne arbejde både frem og tilbage.

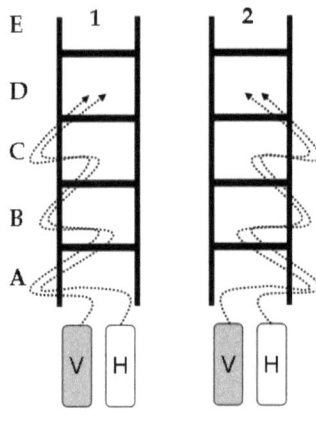

Forløb:
- Spillerne starter med samlede ben og hopper ind i felt A, derefter hoppes ud til venstre for felt A, skråt ind i felt B, ud til venstre for felt B, skråt ind i felt C – og så videre. (bane 1).
- Spillerne starter med samlede ben og hopper ind i felt A, derefter hoppes ud til højre for felt A, skråt ind i felt B, ud til højre for felt B, skråt ind i felt C – og så videre. (bane 2).

Øvelserne kan ligeledes gennemføres baglæns.

Stigeøvelse – 15

Organisering:
Et antal spillere og en agilitystige på cirka 8 meter.

Agilitystigen lægges på gulvet, spillerne starter på række i den ene ende. Hvis man har to stiger, kan man lægge begge på gulvet og lade spillerne arbejde både frem og tilbage.

Forløb:
Spillerne hopper med samlede ben ned gennem stigen – der hoppes/landes i hvert 2. felt. Det vil sige, der hoppes til felt B, til felt D og så videre.

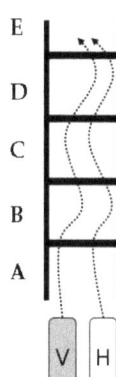

Stigeøvelse – 16

Organisering:
Der skal bruges en agilitystige på cirka 8 meter.

Agilitystigen lægges på gulvet; spillerne starter på række i den ene ende. Hvis man har to stiger, kan man lægge begge på gulvet og lade spillerne arbejde både frem og tilbage.

Forløb:
- Spillerne hinker på venstre ben ned gennem stigen – der hoppes/landes i hvert 2. felt. Det vil sige, der hoppes til felt B, til felt D og så videre. (bane 1)

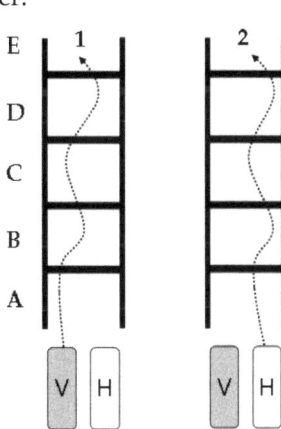

- Spillerne hinker på højre ben ned gennem stigen – der hoppes/landes i hvert 2. felt. Det vil sige, der hoppes til felt B, til felt D og så videre. (bane 2)

Stigeøvelse – 17

Organisering:
Der skal bruges en agilitystige på cirka 8 meter.

Agilitystigen lægges på gulvet; spillerne starter på række i den ene ende. Hvis man har to stiger, kan man lægge begge på gulvet og lade spillerne arbejde både frem og tilbage.

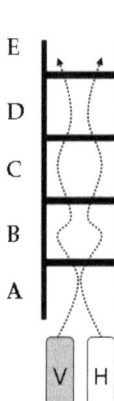

Forløb:
Spillerne stepper "på stedet" med venstre-højre fod, før der med samlede ben hoppes videre til næste felt.

Øvelsen kan ligeledes gennemføres baglæns.

Stigeøvelse – 18

Organisering:
Et antal spillere og en agilitystige på cirka 8 meter.

Agilitystigen lægges på gulvet; spillerne starter på række i den ene ende. Hvis man har to stiger, kan man lægge begge på gulvet og lade spillerne arbejde både frem og tilbage.

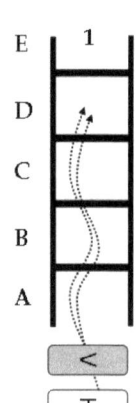
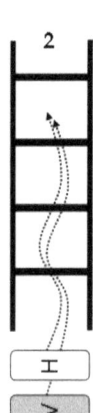

Forløb:
- Spillerne hopper med samlede ben ned gennem stigen – sidelæns med venstre fod først (tættest på stigen ved start) (bane 1)
- Spillerne hopper med samlede ben ned gennem stigen – sidelæns med højre fod først (tættest på stigen ved start) (bane 2)

Stigeøvelse – 19

Organisering:
Der skal bruges en agilitystige på cirka 8 meter.

Agilitystigen lægges på gulvet; spillerne starter på række i den ene ende. Hvis man har to stiger, kan man lægge begge på gulvet og lade spillerne arbejde både frem og tilbage.

Forløb:
- Spillerne hinker sidelæns på venstre ben ned gennem stigen – hinkebenet skal være tættest på stigen, når der startes (bane 1).
- Spillerne hinker sidelæns på højre ben ned gennem stigen – hinkebenet skal være tættest på stigen, når der startes (bane 2)

Begge øvelser gennemføres 2-4 gange.

Stigeøvelse – 20

Organisering:
Der skal bruges en agilitystige på cirka 8 meter.

Agilitystigen lægges på gulvet; spillerne starter på række i den ene ende. Hvis man har to stiger, kan man lægge begge på gulvet og lade spillerne arbejde både frem og tilbage.

Forløb:
- Spillerne hinker på venstre ben ind i stigen (felt A), der hinkes videre til felt B, men i hoppet vendes 45 grader, så foden peger mod egen højre side. Herefter hinkes til felt C, hvor der igen drejes, så foden peger ligeud – der hinkes videre til felt D, hvor der igen vendes 45 grader i hoppet, denne gang så foden peger mod egen venstre side – og så videre.… (bane 1)

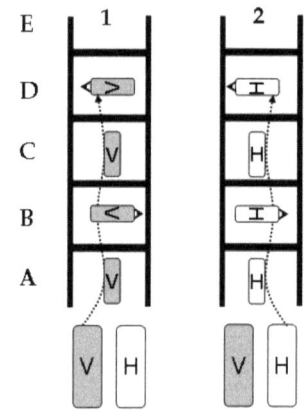

- Spillerne hinker på højre ben ind i stigen (felt A), der hinkes videre til felt B, men i hoppet vendes 45 grader, så foden peger mod egen højre side. Herefter hinkes til felt C, hvor der igen drejes, så foden peger ligeud – der hinkes videre til felt D, hvor der igen vendes 45 grader i hoppet, denne gang så foden peger mod egen venstre side – og så videre.… (bane 2)

Stigeøvelse – 21

Organisering:
Der skal bruges en agilitystige på cirka 8 meter.

Agilitystigen lægges på gulvet; spillerne starter på række i den ene ende. Hvis man har to stiger, kan man lægge begge på gulvet og lade spillerne arbejde både frem og tilbage.

Forløb:
Spillerne hopper synkront fremad med begge fødder på ydersiden af hver sin side af stigen.

Øvelsen kan ligeledes gennemføres baglæns.

Stigeøvelse – 22

Organisering:
Et antal spillere og en agilitystige på cirka 8 meter.

Agilitystigen lægges på gulvet; spillerne starter på række i den ene ende. Hvis man har to stiger, kan man lægge begge på gulvet og lade spillerne arbejde både frem og tilbage.

Forløb:
Spillerne stepper ind i felt A med først den ene fod, derefter den anden. Derefter steppes ud til siden, igen én fod ad gangen, hvorefter der på samme måde steppes ind i felt B – og så videre.

Øvelsen kan ligeledes gennemføres baglæns.

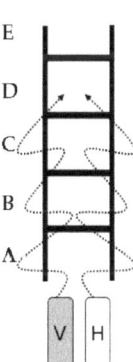

Stigeøvelse – 23

Organisering:
Der skal bruges en agilitystige på cirka 8 meter.

Agilitystigen lægges på gulvet; spillerne starter på række i den ene ende. Hvis man har to stiger, kan man lægge begge på gulvet og lade spillerne arbejde både frem og tilbage.

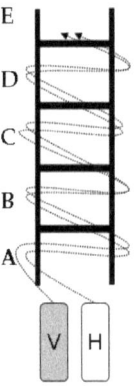

Forløb:
Spillerne starter med samlede ben og hopper ud til venstre (for felt A), så begge fødder er placeret ved siden af stigen, dernæst over stigen til højre for felt A. Derefter hoppes tilbage over stigen, så begge fødder er placeret til venstre for felt B, tilbage igen, så begge fødder er placeret til højre for felt B – og så videre.

Øvelsen kan ligeledes gennemføres baglæns.

Stigeøvelse – 24

Organisering:
Der skal bruges en agilitystige på cirka 8 meter.

Agilitystigen lægges på gulvet; spillerne starter på række i den ene ende. Hvis man har to stiger, kan man lægge begge på gulvet og lade spillerne arbejde både frem og tilbage.

Forløb:

- Spillerne hinker på højre ben ind i felt A, derefter hinkes ud til venstre for felt A, skråt ind i felt B, ud til venstre for felt B, skråt ind i felt C – og så videre. (bane 1)
- Spillerne hinker på venstre ben ind i felt A, derefter hinkes ud til højre for felt A, skråt ind i felt B, ud til højre for felt B, skråt ind i felt C – og så videre. (bane 2)

Øvelserne kan ligeledes gennemføres baglæns.

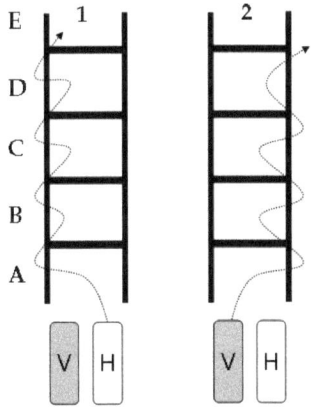

Stigeøvelse – 25

Organisering:
Der skal bruges en agilitystige på cirka 8 meter.

Agilitystigen lægges på gulvet; spillerne starter på række i den ene ende. Hvis man har to stiger, kan man lægge begge på gulvet og lade spillerne arbejde både frem og tilbage.

Forløb:
- Spillerne hinker på højre ben ind i felt A, derefter hinkes ud til højre for felt A, skråt ind i felt B, ud til højre for felt B, skråt ind i felt C – og så videre. (bane 1)
- Spillerne hinker på venstre ben ind i felt A, derefter hinkes ud til venstre for felt A, skråt ind i felt B, ud til venstre for felt B, skråt ind i felt C – og så videre. (bane 2)

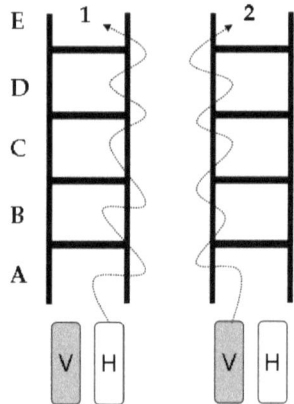

Stepbænk – 1

Organisering:
Hver spiller skal bruge en stepbænk.

Forløb:
Spilleren starter med en fod på hver sin side af stepbænken. Spilleren arbejder, så der hele tiden er én fod på gulvet og én fod på stepbænken. Fødderne skal flyttes hurtigt.

Stepbænk – 2

Organisering:
Der skal bruges 6-8 stepbænke.

Stepbænkene stilles på række med en afstand imellem, der passer til øvelsen. Spillerne starter på række med siden til rækken af stepbænke. Hvis der er mere end 6-8 spillere, bør der opstilles mere end en række stepbænke (hvorved antallet, der skal anvendes, forøges).

Forløb:
Spillerne arbejder med to step på stepbænkene og to step mellem hver stepbænk. Den ene fod bevæger sig langt, den anden kort – skiftevis.

Der skal
- startes med venstre ben (arme holdes ned langs siden)
- startes med højre ben (arme holdes ned langs siden)
- startes med venstre ben (arme holdes opad)
- startes med højre ben (arme holdes opad)

Stepbænk – 3

Organisering:
Der skal bruges 6-8 stepbænke.

Stepbænkene stilles på række med en afstand imellem, der passer til øvelsen. Spillerne starter på række med siden til rækken af stepbænke. Hvis der er mere end 6-8 spillere, bør der opstilles mere end en række stepbænke (hvorved antallet, der skal anvendes, forøges).

Forløb:
Spillerne arbejder med to step på stepbænkene og fire step mellem hver stepbænk.

Der skal

- startes med venstre ben (arme holdes ned langs siden)
- startes med højre ben (arme holdes ned langs siden)
- startes med venstre ben (arme holdes opad)
- startes med højre ben (arme holdes opad)

Stepbænk – 4

Organisering:
Der skal bruges 6-8 stepbænke.

Stepbænkene stilles på række med en afstand imellem, der passer til øvelsen. Spillerne starter på række med siden til rækken af stepbænke. Hvis der er mere end 6-8 spillere, bør der opstilles mere end en række stepbænke (hvorved antallet, der skal anvendes, forøges).

Forløb:
Spillerne arbejder med to step på stepbænkene, tre step mellem hver stepbænk. Når der trædes op på bænken, bevæges den forreste fod langt – skiftevis.

Der skal

- startes med venstre ben (arme holdes ned langs siden)
- startes med højre ben (arme holdes ned langs siden)
- startes med venstre ben (arme holdes opad)
- startes med højre ben (arme holdes opad)

Stepbænk – 5

Organisering:
Der skal bruges 6-8 stepbænke.

Stepbænkene stilles på række med en afstand imellem, der passer til øvelsen. Spillerne starter på række med front mod rækken af step-bænke. Hvis der er mere end 6-8 spillere, bør der opstilles mere end en række stepbænke (hvorved antallet, der skal anvendes, forøges).

Forløb:
Spillerne arbejder med to step på stepbænkene og to step mellem hver stepbænk. Den ene fod bevæger sig langt, den anden kort – skiftevis.

Der skal

- startes med venstre ben (arme holdes ned langs siden)
- startes med højre ben (arme holdes ned langs siden)
- startes med venstre ben (arme holdes opad)
- startes med højre ben (arme holdes opad)

Stepbænk – 6

Organisering:
Der skal bruges 6-8 stepbænke.

Stepbænkene stilles på række med en afstand imellem, der passer til øvelsen. Spillerne starter på række med front mod rækken af stepbænke. Hvis der er mere end 6-8 spillere, bør der opstilles mere end en række stepbænke (hvorved antallet, der skal anvendes, forøges).

Forløb:
Spillerne arbejder med to step på stepbænkene og fire step mellem hver stepbænk.

Der skal
- startes med venstre ben (arme holdes ned langs siden)
- startes med højre ben (arme holdes ned langs siden)
- startes med venstre ben (arme holdes opad)
- startes med højre ben (arme holdes opad)

Stepbænk – 7

Organisering:
Der skal bruges 6-8 stepbænke.

Stepbænkene stilles på række med en afstand imellem, der passer til øvelsen. Spillerne starter på række med front mod rækken af stepbænke. Hvis der er mere end 6-8 spillere, bør der opstilles mere end en række stepbænke (hvorved antallet, der skal anvendes, forøges).

Forløb:
Spillerne arbejder med to step på stepbænkene og tre step mellem hver stepbænk. Når der trædes op på bænken, bevæges den forreste fod langt – skiftevis.

Der skal

- startes med venstre ben (arme holdes ned langs siden)
- startes med højre ben (arme holdes ned langs siden)
- startes med venstre ben (arme holdes opad)
- startes med højre ben (arme holdes opad)

Stepbænk – 8

Organisering:
Der skal bruges 6-8 stepbænke.

Stepbænkene stilles på række med en afstand imellem, der passer til øvelsen. Spillerne starter på række med front mod rækken af step-bænke. Hvis der er mere end 6-8 spillere, bør der opstilles mere end en række stepbænke (hvorved antallet, der skal anvendes, forøges).

Forløb:
Spillerne arbejder med to step på stepbænkene og et step mellem hver stepbænk. På stepbænkene bevæger spilleren sig med små skridt, når der trædes ned. Når der trædes op på stepbænken næst i rækken, be-væges foden langt.

Der skal

- startes med venstre ben (arme holdes ned langs siden)
- startes med højre ben (arme holdes ned langs siden)
- startes med venstre ben (arme holdes opad)
- startes med højre ben (arme holdes opad)

Stepbænk – 9

Organisering:
Der skal bruges 6-8 stepbænke.

Stepbænkene stilles på række med en afstand imellem, der passer til øvelsen. Spillerne starter på række med siden til rækken af stepbænke. Hvis der er mere end 6-8 spillere, bør der opstilles mere end en række stepbænke (hvorved antallet, der skal anvendes, forøges).

Forløb:
Spillerne arbejder med to step på stepbænkene og et step mellem hver stepbænk. På stepbænkene bevæger spilleren sig med små skridt, når der trædes ned. Når der trædes op på stepbænken næst i rækken, bevæges foden langt.

Der skal
- startes med venstre ben (arme holdes ned langs siden)
- startes med højre ben (arme holdes ned langs siden)
- startes med venstre ben (arme holdes opad)
- startes med højre ben (arme holdes opad)

Stepbænk – 10

Organisering:
Hver spiller skal bruge to stepbænke.

Stepbænkene stilles med passende afstand imellem – spilleren starter med siden til sine to stepbænke.

Forløb:
Spillerne arbejder med to step på stepbænkene og step mellem stepbænkene – der arbejdes frem og tilbage – yderste fod bruges til at ændre retning med.

Der skal arbejdes med
- at armene holdes ned langs siden
- at armene holdes i forsvarsstilling
-

Stepbænk – 11

Organisering:
Hver spiller skal bruge 2 stepbænke.

Stepbænkene stilles med passende afstand imellem – spilleren starter med siden til sine to stepbænke.

Forløb:
Spillerne arbejder med et step på stepbænkene og to step mellem stepbænkene – der arbejdes frem og tilbage.

Der skal arbejdes med
- at armene holdes ned langs siden
- at armene holdes strakt opad

Stepbænk – 12

Organisering:
Hver spiller skal bruge 2 stepbænke.

Stepbænkene stilles med passende afstand imellem – spilleren starter med front mod sine to stepbænke.

Forløb:
Spillerne arbejder med et step på stepbænkene og to step mellem stepbænkene – der arbejdes frem og tilbage – "tilbage" sker baglæns.

Der skal
- startes med venstre ben (arme holdes ned langs siden)

- startes med højre ben (arme holdes ned langs siden)
- startes med venstre ben (arme holdes opad)
- startes med højre ben (arme holdes opad)

Stepbænk – 13

Organisering:
Hver spiller skal bruge 2 stepbænke. Stepbænkene stilles med passende afstand imellem – spilleren starter med front mod sine to stepbænke.

Forløb:
Spillerne arbejder med to step på stepbænkene og et step mellem stepbænkene – der arbejdes frem og tilbage – "tilbage" sker baglæns. Det vil sige, at hvis spilleren starter med venstre fod mod den første stepbænk, så vendes der også på venstre ben.

Der skal
- startes med venstre ben (arme holdes ned langs siden)
- startes med højre ben (arme holdes ned langs siden)
- startes med venstre ben (arme holdes opad)
- startes med højre ben (arme holdes opad)

Stepbænk – 14

Organisering:
Der skal bruges 6-8 stepbænke.

Stepbænkene stilles på række, forskudt for hinanden, med en afstand imellem, der passer til spillernes "skridtlængde". Spillerne starter på række ud for rækken af stepbænke med front mod rækken. Hvis der er mere end 6-8 spillere, bør der opstilles mere end en række stepbænke (hvorved antallet, der skal anvendes, forøges).

Forløb:
Spillerne "løber" så hurtigt som muligt ned over rækken af stepbænke. Der sættes kun én fod på hver stepbænk, inden der skridtes over til den næste.

Spillerne gennemfører rækken, dels med armene ned langs siden, dels med armene opad.

Variation:
Hvis spillernes niveau er til det, kan øvelsen gennemføres baglæns. Men vær opmærksom på at det er en rimelig svær øvelse.

Stepbænk – 15

Organisering:
Der skal bruges 6-8 stepbænke.

Stepbænkene stilles på række enden mod ende, så der dannes en lang række (se illustration). Spillerne starter på række ud for rækken af step-bænke med front mod rækken. Hvis der er mere end 6-8 spillere, bør der opstilles mere end en række stepbænke (hvorved antallet, der skal anvendes, forøges).

Forløb:
Spillerne stepper ned over rækken af stepbænke med en fod på hver side af rækken af stepbænke.

Spillerne gennemfører rækken, dels med armene ned langs siden, dels med armene opad.

Variation:
Øvelsen kan ligeledes gennemføres baglæns.

Vippebræt

Ved alle øvelserne skal spillerne bruge et vippebræt.

Grundøvelse til vippebræt – 1

Forløb:
Spilleren står med parallelle fødder på brættet. Kanten af brættet køres rundt på gulvet, uden at kanten på noget tidspunkt slipper gulvet. Der køres hele vejen rundt så roligt og kontrolleret som muligt. Først den ene vej rundt i et stykke tid og derefter den anden. Det er vigtigt, at det er spilleren, der har kontrol over brættet, og ikke brættet der vipper planløst rundt, så spilleren har nok at gøre med bare at holde balancen.

Øvelsen gennemføres, til spilleren har kontrol over brættet – men ikke mere end et par minutter.

Grundøvelse til vippebræt – 2

Forløb:
Spilleren står med parallelle fødder på brættet. Kanten af brættet køres rundt så langt nede at den næsten, men kun næsten, rører gulvet. Der køres hele vejen rundt så roligt og kontrolleret som muligt. Først den ene vej rundt i et stykke tid og derefter den anden.

Øvelsen gennemføres, til spilleren har kontrol over brættet – men ikke mere end et par minutter.

Vippebrætsøvelse – 1

Forløb:
Spilleren står med let adskilte, parallelle fødder på brættet. Brættes forkant bevæges mod gulvet og derefter tilbage, så bagkanten næsten rører gulvet. Bevægelsen fortsættes i 20 sekunder, dernæst 10 sekunders pause, hvor vippebrættet skal holdes så roligt som muligt i udgangspositionen. Herefter gentages vippebevægelsen frem og tilbage. Dette gentages 8 gange (vippe, pause).

Vippebrætsøvelse – 2

Forløb:
Spilleren står med parallelle fødder. Brættes venstre side vippes ned mod gulvet. Derefter trædes brættet ned i højre side, så kanten næsten rører gulvet. Bevægelsen fortsættes i 20 sekunder, dernæst 10 sekunders pause, hvor vippebrættet skal holdes så roligt som muligt i udgangspositionen. Herefter gentages vippebevægelsen. Dette gentages 8 gange (vippe, pause).

Vippebrætsøvelse – 3

Forløb:
Spilleren står med parallelle fødder, mellemrummet mellem fødderne skal være så stort som brættes diameter tillader, med bøjede knæ – som en styrtløber på vej ned ad en løjpe – og hænderne på ryggen. Kanten trædes forover og brættet "køres" rundt mod venstre, derefter til højre. Den cirklende bevægelse fortsættes i 30 sekunder. Derefter holdes 20 sekunders pause. I pausen skal spilleren træde ned af vippebrættet. Dette gentages 4 gange (vippe, pause).

Vippebrætsøvelse – 4

Forløb:

- Spilleren står på venstre ben på midten af brættet. Foden skal placeres, så spilleren kan holde balancen. Brættet skal holdes så roligt som muligt i vandret stilling i 10 sekunder. Derefter holdes 10 sekunders pause, hvor spilleren træder ned af vippebrættet. Dette gentages 5 gange (vippe, pause)

- Spilleren står på højre ben på midten af brættet. Foden skal placeres, så spilleren kan holde balancen. Brættet skal holdes så roligt som muligt i vandret stilling i 10 sekunder. Derefter holdes 10 sekunders pause, hvor spilleren træder ned af vippebrættet. Dette gentages 5 gange (vippe, pause)

Vippebrætsøvelse – 5

Forløb:

- Spilleren står på venstre ben på midten af brættet. Foden skal placeres, så spilleren kan holde balancen. Brættet skal holdes så roligt som muligt i vandret stilling i 10 sekunder, de sidste 5 sekunder med lukkede øjne. Derefter holdes 10 sekunders pause, hvor spilleren træder ned af vippebrættet. Dette gentages 3 gange (vippe, pause)

- Spilleren står på højre ben på midten af brættet. Foden skal placeres, så spilleren kan holde balancen. Brættet skal holdes så roligt som muligt i vandret stilling i 10 sekunder, de sidste 5 sekunder med lukkede øjne. Derefter holdes 10 sekunders pause, hvor spilleren træder ned af vippebrættet. Dette gentages 5 gange (vippe, pause)

Vippebrætsøvelse – 6

Forløb:

- Spilleren står på venstre ben på midten af brættet. Brættes forkant bevæges mod gulvet og derefter tilbage, så bagkanten næsten rører gulvet. Bevægelsen fortsættes i 20 sekunder, dernæst 10 sekunders pause, hvor vippebrættet skal holdes så roligt som muligt i udgangspositionen. Herefter gentages vippebevægelsen frem og tilbage. Dette gentages 4 gange (vippe, pause)

- Spilleren står på højre ben på midten af brættet. Brættes forkant bevæges mod gulvet og derefter tilbage, så bagkanten næsten rører gulvet. Bevægelsen fortsættes i 20 sekunder, dernæst 10 sekunders pause, hvor vippebrættet skal holdes så roligt som muligt i udgangspositionen. Herefter gentages vippebevægelsen frem og tilbage. Dette gentages 4 gange (vippe, pause)

Vippebrætsøvelse – 7

Forløb:

Spilleren står med parallelle fødder på brættet. Brættet skal holdes i ro i vandret stilling så længe som muligt. Når spilleren mister balancen, holdes 30 sekunders pause, hvorefter øvelsen gentages. I pausen skal spilleren træde ned af vippebrættet. Øvelsen gentages 4 gange (vippe, pause).

Vippebrætsøvelse – 8

Forløb:
Spilleren står med lukkede øjne og parallelle fødder på brættet. Brættet skal holdes i ro i vandret stilling så længe som muligt. Når spilleren mister balancen, holdes 30 sekunders pause, hvorefter øvelsen gentages. I pausen skal spilleren træde ned af vippebrættet. Øvelsen gentages 2 gange (vippe, pause).

Bonus: 3 reaktionsøvelser med tennisbolde

Reaktionsøvelse med 1 tennisbold

Organisering:
Hver spiller skal bruge 1 tennisbold.

Forløb:
- Spilleren fører tennisbolden bag om ryggen, kaster den over modsatte skulder og griber med den anden hånd – udføres med både venstre og højre hånd – 10 kast pr. hånd.
- Spilleren holder tennisbolden i strakt arm ud foran kroppen. Bolden kastes svagt opad-fremad og gribes så tæt ved gulvet som muligt – udføres med både venstre og højre hånd – 10 kast pr. hånd.
- Spilleren holder tennisbolden i strakt arm ud foran kroppen. Spilleren slipper bolden og skal køre hånden rundt om den i luften og gribe den igen, inden den når gulvet – udføres med både venstre og højre hånd – 10 kast pr. hånd.
- Spilleren holder tennisbolden i strakt arm ud foran kroppen. Spilleren slipper bolden og skal køre hånden 2 gange rundt om den i luften (samme vej rundt) og gribe den igen, inden den når gulvet – udføres med både venstre og højre hånd – 5 kast pr. hånd.
- Spilleren holder tennisbolden i strakt arm ud foran kroppen. Spilleren slipper bolden og skal køre hånden 2 gange rundt om den i luften (hver sin vej – "frem-og-tilbage") og gribe den igen inden den når gulvet – udføres med både venstre og højre hånd – 5 kast pr. hånd.
- Spilleren holder tennisbolden i strakt arm ud foran kroppen – hvilken arm er ligegyldig. Bolden slippes og spilleren skal klappe med håndfladerne på sine knæ og gribe bolden igen, inden den når gulvet – 15 kast.

Reaktionsøvelse med 2 tennisbolde

Organisering:
Hver spiller skal bruge 2 tennisbolde.

Forløb:
- Spilleren holder en tennisbold i hver hånd med armene strakt ud foran kroppen. Begge bolde slippes samtidig og skal gribes, inden de når gulvet. Hvis det er for svær en øvelse, kan boldene eventuelt kastes en smule opad, så der bliver længere tid at reagere på, inden de når gulvet.
- Spilleren holder en tennisbold i hver hånd med armene strakt ud foran kroppen. Boldene slippes svagt forskudt og skal gribes, inden de når gulvet.
- Spilleren holder en tennisbold i hver hånd med armene strakt ud foran kroppen. Boldene slippes, og spilleren skal køre hånden rundt om dem i luften og gribe dem igen, inden de når gulvet.
- Spilleren holder en tennisbold i hver hånd med armene strakt ud foran kroppen. Boldene slippes, og spilleren skal køre hånden 2 gange rundt om dem i luften (samme vej rundt) og gribe dem igen, inden de når gulvet.
- Spilleren holder en tennisbold i hver hånd med armene strakt ud foran kroppen. Boldene slippes, og spilleren skal køre hånden 2 gange rundt om dem i luften (hver sin vej – "frem-og-tilbage") og gribe dem igen, inden de når gulvet.
- Spilleren holder en tennisbold i hver hånd med armene strakt ud foran kroppen. Boldene slippes, og spilleren skal klappe med håndfladerne på sine knæ og gribe boldene igen, inden de når gulvet.

Hver deløvelse udføres med minimum 10 kast.

Reaktionsøvelse med 2 tennisbolde – parøvelse

Organisering:
Spillerne er samme i par – hvert par skal bruge 2 tennisbolde.
Hver deløvelse gentages med 10 kast pr. spiller.

Forløb:
- Spiller 1 holder en tennisbold i hver hånd med armene strakt ud foran kroppen. Spiller 2 står med hænderne lige over Spiller 1's hænder. Spiller 1 slipper helt vilkårligt én af boldene; Spiller 2 skal gribe den, inden den når gulvet.
- Spiller 1 holder en tennisbold i hver hånd med armene strakt ud foran kroppen. Spiller 2 står med hænderne lige over Spiller 1's hænder. Spiller 1 slipper helt vilkårligt én af boldene – eller begge, hun vælger selv; Spiller 2 skal gribe den/dem, inden den/de når gulvet.
- Spiller 1 holder en tennisbold i hver hånd med armene strakt ud foran kroppen. Spiller 2 står med hænderne lige over Spiller 1's hænder (ligeledes med strakte arme). Spiller 1 slipper begge bolde og Spiller 2 skal køre sine hænder rundt om Spiller 1's, inden boldene gribes.
- Spiller 1 holder en tennisbold i hver hånd med armene strakt ud foran kroppen. Spiller 2 står med ryggen til hende. Når Spiller 1 siger "Vov", skal hun tabe boldene og Spiller 2 skal vende sig og gribe dem, inden de når gulvet.
- Spiller 1 holder en tennisbold i hver hånd med armene strakt ud foran kroppen. Spiller 2 står med ryggen til hende. Når Spiller 1 siger "Vov", skal hun tabe boldene og Spiller 2 skal vende sig og gribe dem, inden de når gulvet. Spiller 1 må godt sige et andet V-ord ("Vej", "Vil" m.m.), og så skal Spiller 2 ikke vende sig om … (Spiller 1 ligeledes heller ikke slippe boldene).
- Spiller 1 holder en tennisbold i hver hånd med armene strakt ud foran kroppen. Spiller 2 står foran hende, let bøjet ned i benene og hænderne støttende på sine knæ. Spiller 1 slipper

begge bolde, Spiller 2 skal klappe én gang i hænderne og gribe boldene, inden de når gulvet.

- Spiller 1 står lige bag Spiller 2, der står med armene ned langs siden. Spiller 1 slipper begge bolde ind over Spiller 2's skuldre og Spiller 2 skal gribe dem, inden de når gulvet.
- Spiller 1 står lige bag Spiller 2, der står med armene ned langs siden. Spiller 1 kaster begge bolde i en blød bue ind over Spiller 2's skuldre; boldene skal ramme gulvet 1-1½ meter foran Spiller 2 og have så høj en bue, at de får et godt opspring. Spiller 2 skal gribe dem, inden de når at hoppe mere end én gang.